Alexander Scholz

Analyse von Arnold Gehlens "Mängelwesen"

GRIN Verlag

Bibliografische Information der Deutschen Nationalbibliothek:

Die Deutsche Bibliothek verzeichnet diese Publikation in der Deutschen National-
bibliografie; detaillierte bibliografische Daten sind im Internet über http://dnb.d-
nb.de/ abrufbar.

Impressum:

Copyright © 2007 GRIN Verlag GmbH
Druck und Bindung: Books on Demand GmbH, Norderstedt Germany
ISBN: 978-3-640-82634-6

Dieses Buch bei GRIN:

http://www.grin.com/de/e-book/134732/analyse-von-arnold-gehlens-maengelwesen

Johann Wolfgang Goethe-Universität Frankfurt am Main

FB 04, Erziehungswissenschaften

Einführung in die pädagogische Anthropologie Ss 07

Arnold Gehlens „Mängelwesen"

Tag der Abgabe: 24. September 2007

vorgelegt von: Alexander Scholz

Magister, 03

Inhaltsverzeichnis

1. Einleitung

Arnold Gehlen verfasste 1940 unter dem Titel „Der Mensch, seine Natur und seine Stellung in der Welt" eine der bedeutendsten philosophischen Anthropologien. Auf diesen Text ist die hier vorliegende Arbeit primär gestützt. Diese Hausarbeit stellt sich der zentralen Frage, ob der Mensch wirklich ein Mängelwesen ist? Mit der Einführung der Anthropologie möchte ich sowohl die Herkunft und die Entstehung des Mängelwesenbegriffs, als auch erste einleitende Bestimmungen verschiedener Philosophen dazu hervorheben. Der anschließende Mensch-Tier-Vergleich soll verdeutlichen, dass nur auf der Grundlage dieser Gegenüberstellung der Mängelwesenbegriff überhaupt erst entstehen konnte. Neben den Feststellungen, dass der Mensch vergleichsweise zum Tier sparsam von der Natur ausgestattet worden ist, steht die Untersuchung der Existenzbedingungen, die ein solch exponiertes Wesen wie der Mensch zum Überleben haben muss, im Mittelpunkt. Im dritten Punkt wird das Mängelwesen „Mensch" thematisiert. In diesem Zusammenhang werden u.a. Begriffe wie Weltoffenheit, Reizüberflutung, Antriebsüberschuss angesprochen und verdeutlicht. Diese Begriffe werden dann im Punkt 5 in Bezug zum Entlastungsprinzip vertieft erläutern. Der Mensch muss eigentätig seine Mängel in Überlebenschancen umwandeln. Dazu muss er sich entlasten. Wie der Mensch dies schafft, wird unter benanntem Abschnitt dargestellt. Nachfolgend werden einige Punkte bzgl. Gehlens Sichtweisen kritisch betrachtet, bevor das Fazit die Hausarbeit abschließt.

2. Anthropologie

Der Begriff des Mängelwesens ist der populärste und zugleich missverständlichste Begriff der philosophischen Anthropologie. Er beruht auf dem Vergleich von Mensch und Tier und bezieht sich auf die dem Menschen eigentümliche Verschränkung von biologischer Benachteiligung und geistigen Fähigkeiten. Diese bereits in der Antike entdeckte und in der Formel von der natura noverca (Stiefmutter Natur) zum Topos gewordene Wesensmerkmal des Menschen fand in der Neuzeit vor allem durch Herder eine neue bis in die Gegenwart wirkende Interpretation. Das der Mensch den Tieren an Stärke und Sicherheit des Instinktes weit nachstehe ist gesichert Aber in der Mitte dieser Mängel müsse auch der Keim zum Ersatze liegen. Unser Mangel an natürlicher Kunstfähigkeit wird wettgemacht durch Vernunft, unser Mangel an Instinkt durch Freiheit. (vgl. Ritter, 1980, S. 712). Explizit verwendete jedoch erst Arnold Gehlen den Begriff des Mängelwesens. Herder vertrat, die später auch von Uexküll ausgearbeitete These, dass es auf der einen Seite die tierische

Harmonie zwischen Instinktausstattung, Organbau und der Umwelt gebe und der Mensch auf der anderen Seite in Auflösung dieser Harmonie als Wesen des Mangels zu begreifen sei. Gehlen wollte eine Gesamtwissenschaft vom Menschen entwickeln, in der mehrere Einzelwissenschaften (z.B. die Biologie, die Sprachwissenschaften oder auch die Psychologie) mit einfließen sollten. Den leitenden philosophischen Gesichtspunkt dafür gewann Gehlen aus den Schriften anderer großer Philosophen. Diese waren unter anderem Nietzsche, Schopenhauer, Scheler und besonders Herder, der den Ansatz für Gehlens Begriff des Mängelwesens bereits in der klassischen Phase Deutschlands vorgedacht hatte. Der Kern der Theorie Gehlens ist der unerlässliche Schlüsselterminus des Mängelwesens. Dieser Begriff soll weniger auf die mangelnden Organspezialisierungen, als auf die im Vergleich zum Tier erhöhte Riskiertheit des Menschen gegenüber dem Tier hinweisen. Jene Riskiertheit ist wiederum ein Begriff, der sich aus der hervorstechenden „Unfertigkeit und Unabschließbarkeit des Menschen um sein Nichtfestgestellt- Sein, seine „Entartungsbereitschaft", Selbstverfallenheit und Antriebsüberschüssigkeit"(Rehberg, 1994, S. 504) zusammenfassen lässt. In der Mitte dieser Mängel befindet sich der Keim zum Ersatz, wie Herder feststellte. Diesen Keim füllte Gehlen mit Begriffen wie „Handlungsführung, Bewusstsein, Sprachmäßigkeit, (Selbst-)Zucht, Charakter, Institution etc. kurz: *Kultur*. Durch die Kompensation der Mängel des Menschen ist es dem noch nicht festgestellten Tier, wie Nietzsche den Menschen einmal bezeichnete, möglich, die Leistung, sich durch sich selbst am Leben erhalten zu können, umzusetzen.

3. Unterschiede zwischen Mensch und Tier

Anthropologische Aussagen hatten immer die Ähnlichkeit mit und die Differenz zum Tier zum Gegenstand. Auch Arnold Gehlen, der in seiner Schrift „Der Mensch, seine Natur und seine Stellung in der Welt" von 1940 eine Sonderstellung des Menschen vertrat, war quasi gezwungen einen solchen Vergleich durchzuführen. Der Grund dafür war, dass er den Menschen für einen Sonderentwurf der Natur hielt, und demzufolge einen Mensch-Tier-Vergleich benötigte, um zeigen zu können, wovon sich der Mensch überhaupt absonderte. Im Vergleich zu Philosophen wie Plessner und Scheler bezweckte Gehlen, keine Philosophie des Lebendigen zu entwerfen. Sein Ziel war es durch einen derartigen Vergleich den Menschen aus sich selbst heraus zu begreifen. Des Weiteren kritisierte Gehlen bisher durchgeführte Versuche eine Gesamtanschauung vom Menschen darzustellen. Besonders bemängelte er, dass das „Innere" und das „Äußere" des Menschen stets getrennt und nicht als Einheit betrachtet worden waren. Einzelne Merkmale oder Eigenschaften des Menschen wurden im Vergleich zum Tier untersucht und dann war nichts eindeutig Menschliches an diesen feststellbar, weil sie separat aus der

Gesamtheit der menschlichen Merkmale / Eigenschaften herausgenommen worden waren. Arnold Gehlen forderte einen zentralen Aspekt, der den Menschen als Ganzes mit all seinen Merkmalen erfassen sollte. Andernfalls würde man weiterhin, wenn man z.B. den Körperbau von Mensch und Anthropoiden vergleicht, nichts spezifisch Menschliches feststellen, weil der Körperbau nur einen Teil der Gesamtheit der Merkmale des Menschen ausmacht und der Körperbau von Mensch und Anthropoid ähnlich sind. Wenn es um den Menschen geht, darf also eine biologische Betrachtung nicht bloß auf das Somatische, auf das Körperliche gehen (Gehlen, 1940, S. 11). Die anthropo - biologische Fragestellung muss die Existenzbedingungen des Menschen untersuchen. Man muss sich also die Frage stellen, wie ein so gefährdetes Wesen, wie der Mensch, der in Gegenüberstellung zum Tier mit keiner Spezialisierung von Natur aus versehen ist, sein Leben über Tage, Monate und Jahre erhalten kann. In den folgenden Abschnitten wird sich herausstellen, dass u.a. die Sprache, die Phantasie, die dem Menschen eigene Motorik sowie die Beweglichkeit, kurz: die gesamte Innerlichkeit des Menschen, ihm das Überleben ermöglicht. Ein Unterschied zwischen Mensch und Tier ist offensichtlich. Der Mensch zeichnet sich durch Unspezialisiertheit, und das Tier durch spezielle Instinkte und Eigenschaften gegenüber seiner Umwelt aus. Das heißt, dass er, wie Nietzsche betonte, das noch nicht festgestellte Tier ist. Es existiert also weder eine Feststellung noch eine Festgerücktheit des Menschen. Diese Tatsache ging unweigerlich mit den Gefahren der Natur einher, die ihm durch dieses „Nicht festgestellt sein" erwarteten. Um überleben zu können, musste sich der Mensch seiner wenig spezialisierten somatischen Fähigkeiten und besonders der erwähnten

Innerlichkeit (Sprache, Gedanken, Motorik etc.) bedienen. Das hatte zur Folge, dass der Mensch zu sich selbst Stellung nehmen und über sich bestimmen musste. Das Tier, welches Instinkte hat, die es bestimmen und arttypische Spezialisierungen, die ihm in einer bestimmten Umwelt das Überleben ermöglichen, lebt ohne derartige Probleme, wie sie der Mensch bewältigen muss. Dieser hingegen führt sein Leben, wie Gehlen sagt, weil ihm aufgrund der organischen Minderbemitteltheit nichts anderes übrig bleibt, als zu sich selbst Position zu beziehen und immer wieder über die Lebensbedingungen und sich selbst zu reflektieren und diese somit zu seinen Gunsten umzuformen und zu bearbeiten. Wie erwähnt stellte sich Gehlens Mensch-Tier-Vergleich anders dar, als beispielsweise bei Max Scheler. Scheler vertrat ein Stufenschema, dessen Abschnitte Instinkt, Gewohnheit, praktische Intelligenz und menschliche Intelligenz heißen. In diesem Schema gibt es die Rangfolge:

Pflanze - Tier und an der obersten Stelle der Mensch. Diesen kurz von mir skizzierten Entwurf wollte Arnold Gehlen widerlegen, und in seinen Untersuchungen beweisen, dass der Unterschied vom Tiere beim Menschen in einem durchlaufenden Strukturgesetz bestehen könnte. Um Schritt für Schritt das Strukturgesetz verständlich darlegen zu können, bezeichnete Gehlen den Menschen (zusätzlich zu den bereits gegebenen Bezeichnungen (zu sich selbst stellungnehmendes, über sich verfügendes Wesen etc.)) als handelndes Wesen. Denn nur als ein solches ist der Mensch aufgrund seiner physischen Verfassung lebensfähig. Um handeln zu können, muss sowohl der somatische, als auch der geistige Teil des Menschen funktionsfähig sein, damit die menschlichen Funktionen und Leistungen (Sprache, aufrechter Gang, Werkzeuggebrauch) entwickelt werden konnten. Der Unterschied zwischen Mensch und Tier bzgl. der menschlichen Handlungen und der tierischen Reaktionen auf äußere und innere Gegebenheiten, liegt in den Antrieben. Tiere haben Instinkte. Sie sind Bewegungen oder besser sehr prägnante Bewegungsfiguren, sehr spezieller Art, die auf Grund eines angeborenen Automatismus ablaufen und die von inneren endogenen Reizungsprozessen abhängig sind(Gehlen, 1940, S. 21). Gehlen führt dazu Beispiele, wie plötzliche Balzbewegungen u.a. bei Vögeln an, die durch innere Reizproduktion und den dadurch steigenden Reizspiegel ausgelöst wurden. Lorenz, auf den sich Gehlen oft bezieht, konnte sogar beobachten, dass bei Tieren mit sehr hohem Reizspiegel die Bewegungsfiguren auch beim Fehlen eines so genannten Zielgegenstandes ablaufen. Die Reaktion verläuft hierbei im „Leeren", das bedeutet, dass das Tier die Bewegungsfigur trotz des Fehlens des Zielobjektes durchführt, da es aufgrund des hohen Reizspiegels den Zielgegenstand halluziniert. Tiere verfügen also über

angeborene, arttypische Instinktbewegungen, die durch die in der Umwelt vorhandenen Objekte (Artgenossen, Feinde, Geschlechtspartner usw.) bzw. durch die vom Objekt ausgehenden Signale ausgelöst werden. In der Arbeit „Mensch und Tier" von 1946 vertritt Plessner die Ansicht, dass bei vielen Tieren instinktgebundene Intelligenz nachweisbar ist, die sie auf der Basis ihrer Allgemeininstinkte weiterentwickeln. Zur Verdeutlichung soll dieses Zitat dienen: „Intelligenz als eine Art des Verhaltens, das für Korrekturen durch Erfahrung offen ist, erstreckt sich auf eine jeweils spezifische Umwelt, in deren Konstellation sie Einblick gewährt. Aber dieser Einblick hat keinen abstraktlogischen Charakter, wie ihn die vernünftige Einsicht des Menschen besitzt. Instinktgebundene Intelligenz findet sich auch beim Menschen, aber sie stellt nicht eines seiner Monopole dar (Dux, 1983, S. 56). Wenn Plessner von instinktgebundener Intelligenz spricht, die kein Monopol des Menschen darstellt, dann meint er wahrscheinlich die für den Menschen typische Instinktreduktion, die durch den phylogenetischen Abbau fast aller fest montierten Zuordnungen von Auslösern zu speziellen, angeborenen Bewegungsweisen zu erklären ist. Im Laufe der stammesgeschichtlichen Entwicklung konnte der Mensch mittels seiner Vernunft immer mehr (Natur-) Phänomene verstehen und dadurch erkennen, dass viele Instinktbewegungen der Tiere für den Menschen unnötig und z.T. sogar belastend / oder bedrohlich sind. Angenommen zwei Jäger sehen völlig unerwartet plötzlich ein ihnen physisch überlegenes Tier im Wald, zum Beispiel einen großen Bären. Würden diese zwei Männer nun mit dem Instinkt eines, dem Bären unterlegenen Tieres reagieren, so würden sie schnell fortlaufen und aufgrund ihrer Geschwindigkeit, Ausdauer und der eventuell noch hinzukommenden Geräuschkulisse den Bären erstens auf sich aufmerksam machen und zweitens ihm zum Opfer fallen. Da der Mensch aber angesichts der phylogenetischen Entwicklung weiß, dass es gerade wegen seiner physischen Unterlegenheit notwendig ist, die Instinktbewegung, aus Angst fortzulaufen, zu vermeiden und statt dessen sich seiner Intelligenz zu bedienen, um das eigene Leben zu retten, wird er sich leise und möglichst unauffällig verstecken und ausharren, bis der Bär fort ist, oder die moderne Variante wählen und mit Hilfe von Waffen den Bären zu erlegen versuchen. Zu betonen ist aber, dass die tiertypischen Instinktbewegungen nicht immer von der menschlichen Vernunft überwältigt werden können. Hierzu ein ebenfalls eher seltenes Beispiel. Eine Person hat sich ganz allein in der Wüste verlaufen. Nach einer bestimmten Zeit wird dieser Durst bekommen. Das Verlangen nach Wasser wird irgendwann so groß, dass sie eine Oase mit frischem Wasser halluziniert. Darauf wird sie sich dann in Richtung dieser Oase bewegen und feststellen, dass die von ihr wahrgenommene Substanz Sand statt Wasser ist. So ähnlich erging es dem Wellensittich in Gehlens „Der Mensch, seine Natur und seine Stellung in der Welt", der ständig isoliert lebte und plötzlich eine Attrappe eines Sittichweibchens in den Käfig bekam und daraufhin das arttypische Balzverhalten mit ihr vollzog. Gehlen schreibt fortfahrend, dass auch Bergson schon sah, dass sich intelligentes und instinktives Verhalten tendenziell ausschließen. Instinktbewegungen werden durch innere Reize erzeugt, woraufhin das Lebewesen bereit ist, sofort mit dem artspezifischen Verhalten zu reagieren, sobald ein Auslöser für das bestimmte Verhalten erscheint. Intelligentes Verhalten zeichnet sich durch „ein nach wechselnden Umständen variables Verhalten"(Gehlen, 1940, S. 24), wodurch Lernvorgänge, Selbstdressuren und Erkenntnisse möglich sind, aus. Ein weiterer Unterschied zwischen Mensch und Tier ist das Vermögen zu lernen. Das Tier lernt aufgrund von Erfolgserfahrungen, die es in einer bestimmten Situation immer wieder erlebt. Beispielsweise lernten die Hunde von Pawlow, dass der stets am Anfang ertönende Laut Vorzeichen bzw. Signal für die darauf folgende Fütterung war. Auf dieses

Signal hin bildete sich im Maul der Tiere Sekret, da sie quasi darauf abgerichtet waren, den Ton als Vorzeichen des ihnen daraufhin gegebenen Futters zu erkennen. Fällt dann irgendwann das Futter dauerhaft aus, so wird sich auch kein Sekret im Maul der Tiere mehr bilden. Das Tier lernt also nur, weil die Lernleistung irgendwo auf dem Weg zu einer instinktiven Endphase des Verhaltens liegt. Der Mensch hingegen lernt, weil er sich von instinktiven Antrieben ablösen kann. Dadurch hat er die Möglichkeit ohne biologischen Druck (Antriebe) oder die bei Tieren als Endziel angegebene „Prämiensituation" selbstständig zu lernen, z.B. durch Experimente. Das erlernte Verhalten kann dann im Gegensatz zum Tier ohne Reiz, quasi durch eine eigene Entscheidung ausgelöst und durchgeführt werden. Das Signal, also der substituierte Reiz beim Tier, wird beim Menschen gerade durch diese Chance der Ablösbarkeit des Verhaltens von einer bestimmten Situation zum Symbol. Im Zuge des „freien" Lernens beim Menschen erhalten verschiedene Sachverhalte / Dinge Symbolcharakter. Das Typische für ein Symbol ist es, auf etwas hinzuweisen, was aus dem Kontext der aktuellen Situation, in welcher sich der Mensch befindet (für andere), nicht erschließbar ist. So können durch entsprechende Übungserfahrungen und Lernleistungen Silhouetten ausreichen, um Dinge / Sachverhalte damit zu verbinden. Lodernde Flammen können sowohl Wärme, als auch Feuer (Brand) symbolisieren, obwohl weder das Gefühl von Hitze noch entsprechende Bilder oder Gerüche wahrgenommen werden. Tiere und Menschen lernen zwar beide durch Erfahrungen, das Tier kann jedoch das Gelernte nur in Situationen zeigen, die das auslösende Signal dafür beinhalten. Der Mensch benötigt eine solche Situation nicht, weil er sein Verhalten vom Situationskontext ablösen und mittels eines Symbols reagieren kann. Die Existenzsicherung verlangt dem Menschen aber nicht nur die Fähigkeit des Handelns im Hier und Jetzt ab. Hinzu kommt, dass er genötigt ist, vorausschauend zu planen und demgemäß zu handeln, denn der Mensch muss im Gegensatz zum Tier für die Zukunft und nicht in der Gegenwart leben. Das Tier findet innerhalb seiner Umwelt mit all seinen Spezialisierungen Nahrung, wenn es erst einmal durch den Hunger angetrieben worden ist. Es braucht sich also nicht darum zu sorgen, so Gehlen, woher es das nächste Futter bekommt. Der Mensch muss indessen, wie erwähnt, vorausschauend planen, weil ihn schon der künftige Hunger hungrig macht. Der Mensch hat keine Wahl, ohne Vorbereitung des morgigen Tages, wird dieser morgen nichts enthalten, wovon er leben könnte (Gehlen, 1940, S. 53). Ein weiterer Unterschied zwischen Mensch und Tier ist, dass Tiere in ganz bestimmte Umwelten integriert sind. Diese Anpassung ist an dem jeweiligen spezialisierten Organbau zu erkennen. Von diesem lassen sich auch die Lebensgewohnheiten ableiten. Es ist also erkennbar, ob das Tier ein Pflanzen - oder Fleischfresser ist, wie es sich schützt (z.B. durch

Mimikry) et cetera. Das Tier kann aufgrund, dass es sich diesem Milieu angepasst hat, auch nur dort überleben. Deshalb spricht man auch davon, dass Tiere eine Umwelt haben, weil sie nur in dem Milieu, an welches sie angepasst sind, überleben können. Spezialisierter Organbau und Umwelt setzen sich also gegenseitig voraus. Wie bereits angeführt, ist der Mensch durch seine physische Unspezialisiertheit gekennzeichnet, damit a priori in keine Umwelt eingepasst. Der Mensch hat sozusagen statt einer Umwelt die ganze Welt, egal ob Wüste, Weidenland oder Polargebiete, zur Verfügung, um sich zu entfalten und seine Existenz zu sichern. Dies gelingt überall, solange er sich dort Möglichkeiten zum Überleben schaffen kann. Mit folgenden vorerst zusammenfassenden Überlegungen ist laut Gehlen der Strukturbegriff, welcher das gesamte Wesen des Menschen erklärt, gegeben. Da der Mensch im Vergleich zum Tier durch organische Mängel bestimmt worden ist, und infolgedessen in Gegenüberstellung zum umweltangepassten spezialisierten Organbau des Tieres keine Umwelt besitzt. Deswegen weltoffen, d.h. in keinem bestimmten Ausschnitt-Milieu natürlich lebensfähig, sondern der Mensch passt sich die jeweiligen Umweltbedingungen immer an seine Bedürfnisse an. Der Vergleichspunkt der Entwicklung von Mensch und Tier bis zur Ausreifung des Lebewesens soll der in diesem Abschnitt letzte Punkt sein. Vor allem bezieht sich Arnold Gehlen auf den Zoologen Adolf Portmann. Dieser versuchte die Sonderstellung des Menschen in ontogenetischer Hinsicht zu erarbeiten(Gehlen, 1940, S. 44). Obwohl solch eine Sonderstellung des Menschen nicht vorliegt, worauf ich in der Kritik näher Bezug nehmen werde, sind die Überlegungen sehr aufschlussreich. Einleitend unterteilt Portmann die Säugetiere in niedere und höhere Säuger. Niedere Säuger, so Portmann, sind z.B. Insektenfresser, Nagetiere und kleinere Raubtiere. Diese bringen in kurzer Zeit (ca. 20-30 Tage) viele Jungtiere (ca. 5 bis 25 Tier) in hilflosem Zustand, unbehaart und mit noch verschlossenen Sinnesorganen zur Welt. Angesichts der Hilflosigkeit nach der Geburt sind diese Tiere als Nesthocker einzustufen. Charakterisierend für höhere Säuger, wie Huftiere, Wale und Affen ist die verlängerte Tragezeit, sowie eine Dezimierung der geborenen Jungen auf ein bis zwei Tiere Während die Nesthocker nach der Geburt noch auf Hilfe angewiesen sind, kommen die höheren Säuger bereits in hinreichend ausgereifter Form zur Welt. Die Zeit, welche die höheren Säuger im Vergleich zu niederen Säugern zusätzlich im Mutterleib bis zur Geburt benötigen, wird in diesem Kontext als ein Stadium beschrieben, „das dem Geburtszustand eines Nesthockers gestaltlich Entspricht(Gehlen, 1940, S. 45). Kurz nach der Geburt sind Nestflüchter bereits mit den arttypischen Bewegungen und dem Kommunikationssystem vertraut. Portmann möchte dadurch zeigen, dass die Sonderstellung des Menschen darin begründet ist, dass der Mensch in keine dieser beiden Schubladen hineinpasst. Aufgrund der Anzahl der Neugeborenen ließe sich der Mensch zu den Nestflüchtern zählen. Andererseits ist beim Menschen erst nach einem Jahr das Entwicklungsstadium erreicht, welches Nestflüchter bereits bei der Geburt aufweisen können. Dieser Punkt würde für die Einordnung des Menschen in die Gruppe der Nesthocker sprechen. Das führt Portmann und Gehlen zu dem Fazit, dass die Menschen einen Sonderfall darstellen. (Daher bezeichnen sie die Menschen als sekundäre Nesthocker.) Indem der Mensch 12 Monate zu früh geboren wird, ist er eine physiologische Frühgeburt für Gehlen und Portmann. Dieser Zeit gab Portmann den Namen "extrauterines Frühjahr"(Thiess, 2000, S. 43), ausschlaggebend hierfür war die Pflege- und Schutzbedürftigkeit der menschlichen Babys. Dem Punkt der Kritik etwas vorgreifend, muss gesagt werden, dass die menschlichen Babys mit den Affenjungen in die Kategorie der Mutterhocker fallen. Damit ist gemeint, dass die neugeborenen Artgenossen die erste Lebensphase am Mutterleib verbringen. Hierbei ist noch wichtig, dass Affenbabys aktive Traglinge (diese können sich am Körper der Mutter festklammern) und Menschenbabys passive Traglinge (sie sind darauf angewiesen, gehalten zu werden) sind.

4. Das Mängelwesen

Dieser Abschnitt wird sich auf wesentliche Punkte des Mensch-Tier-Vergleichs stützen. Notwendig sind diese Bezüge, weil der Mensch erst durch diese Gegenüberstellung den Begriff des Mängelwesens erhält. Da Gehlen eine Sonderstellung des Menschen vertrat, erschien ihm dieser plastische Begriff als eingrenzender Beleg hierfür sprachlich prägnant zu sein. Besonders, weil das Wesen des Menschen mit diesem Begriff nicht ausdefiniert sein kann, wollte Gehlen ihn nicht als Substanzbegriff verstanden haben. Insofern will der Begriff gerade das, was H. Freyer gegen ihn einwendet: "Man setzt den Menschen fiktiv als Tier, um dann zu finden, dass er als solches höchst unvollkommen und sogar unmöglich ist"(Gehlen, 1940, S. 14). Die oft erwähnte physische Unterlegenheit des Menschen im Vergleich zum Tier (besonders im Vergleich zu den höheren Säugern) ist in seinen Unangepasstheiten und Unspezialisiertheiten begründet. Sein Körper ist von den natürlichen Gegebenheiten auf ein Leben in der "rohen", nicht bearbeiteten Umwelt, wie sie Tiere haben, nicht eingestellt. Es fehlen ihm vor allem die hochspezialisierten Instinkte der Tiere sowie ihre Angepasstheiten, die sich im jeweiligen Witterungsschutz (Haarkleid), den naturgegebenen Angriffs- als auch Fluchtmöglichkeiten ausdrücken. Aus evolutionsbiologischer Sicht ist jedoch einzuwenden, dass sich beim Menschen bestimmte biologische

Anlagen zurückgebildet haben, weil sie einfach ausgedrückt überflüssig geworden waren. Dies geschah natürlich nicht innerhalb von Jahren, sondern von Jahrmillionen. Beispielsweise besteht das Ohr u.a. auch aus rudimentären Knorpeln. D.h., dass der Mensch die Fähigkeit, die Ohren zu bewegen, besaß. In geringem Maß kann diese Fähigkeit durch aufwendiges Konzentrationstraining wieder erworben werden. Ein anderes Beispiel ist das nichtvorhandene Haarkleid des Menschen. Die Haarwurzeln selbst sind im Laufe der Evolution nicht weniger geworden, nur die Länge und Dichte der Haare hat sich reduziert. Die Umstände, unter denen der werdende Mensch gelebt haben mag, werden ein dichtes Haarkleid nicht erfordert haben und so hat es sich zurückgebildet. Des Weiteren muss ein Menschenjunges erheblich länger umsorgt werden, als ein Tierjunges. Positiv ist beim menschlichen Körper die Ausbildung von Schweißporen zu bemerken, da diese die Basis einer erhöhten Ausdauer sind. Unter Berücksichtigung dieser überwiegend körperlichen Mängel und der wichtigsten Aufgabe im Leben des Menschen, nämlich sich selbst am Leben zu erhalten, ist er zum eigentätigen Handeln gezwungen. Durch diese Fähigkeit (die Kooperation von somatischen und geistigen Vermögen) bewusst für die Erhaltung der eigenen Existenz zu arbeiten, gelingt es ihm, die Mängel in Chancen umzuwandeln. Festzuhalten ist zunächst die aus der beschriebenen organischen Unspezialisiertheit und der deswegen gegebenen Umweltunangepasstheit resultierende Weltoffenheit des Menschen. Diese ist allerdings auch als Belastung zu verstehen. Das Tier hat dem Menschen gegenüber von Natur aus vorgegebene Verhaltensmuster, sowie eine ihm lebenslang dienliche und vertraute Umwelt. Dem Menschen hingegen steht „ein *Überraschungsfeld* unvorhersehbarer Struktur, das erst in Vorsicht und Vorsehung durchgearbeitet, d.h. erfahren werden muss, gegenüber (Gehlen, 1940, S. 35). Indem er dieses Überraschungsfeld bzw. die Reizüberflutung mit Wahrnehmungseindrücken in Erfahrung gebracht hat, ist der Mensch in der Lage die Naturgegebenheiten in lebensdienliche Existenzgrundlagen umzuwandeln. Durch diesen Prozess der Umwandlung natürlicher Voraussetzungen entsteht die, wie Gehlen schreibt, zweite Natur bzw. die Kultur, auf die der Mensch während der Zeit seines Lebens angewiesen ist. Damit ist nicht der jeweilige Kulturkreis, sondern die Kultur als die Gesamtheit dessen, was nicht durch Natur vorgegeben, sondern vom Menschen eigentätig geschaffen worden ist, gemeint. Das bedeutet im Rückschluss, dass es keinen so genannten Naturmenschen geben kann, denn jede Gemeinschaft jagt nicht nur mit den bloßen Händen, sondern besitzt dafür bestimmte Werkzeuge, Verteidigungs- und andere Techniken, damit ihnen das Leben leichter fällt. Eremiten sind auch auf derartige Techniken sowie Feuer oder wärmende Felle angewiesen, und leben daher in einer Kultur. Wodurch ist es nun aber erst möglich geworden, dass der Mensch weit über die für ihn notwendigen Bedürfnisbefriedigungen hinaus agiert?

Gehlen erklärt dies mit dem Antriebsüberschuss, der für die Menschen in ihrer naturgegebenen Mangelhaftigkeit notwendig ist. Auf Hobbes Ausspruch anspielend, dass der künftige Hunger bereits hungrig mache und der Mensch deshalb zukunftsorientiert sein müsse, ist für Gehlen der Antriebsüberschuss begründet. Dieser wirkt bereits in der frühen Kindheit und in der (im Gegensatz zum Tier) langen Jugendphase auf das unfertige Wesen (bzgl. Motorik, Sexualität) ein. Der Antriebsüberschuss wird in dem noch nicht erwachsenen Stadium des Menschen durch Spiele und andere zweckentbundene Tätigkeiten kompensiert. Dieses ständig vorhandene Energiepotenzial lässt das Individuum immer wieder über sich hinaus wachsen. Ohne diese Fähigkeit hätten die Menschen nie neue Ufer erreicht. Der Mensch ist das riskierte Wesen, aber er ist auch, wie Gehlen pathetisch bemerkt, das Wesen, das das Risiko sucht(vgl. Thies, 2000, S. 86). Aus diesem ständig vorhandenen Energiepotenzial ergibt sich quasi automatisch der Zwang, dieses unter Kontrolle zu bringen. Die Überwachung des Antriebsüberschusses ist notwendig, da der Mensch sonst unter der Fülle der chronischen inneren Reize zusammenbrechen würde. Das Tier muss, im Gegensatz zum Wesen Mensch, seine Triebe nicht kontrollieren, da die Natur das Tier mit periodischen Antrieben ausgestattet hat. Beim Tier sind aufgrund des existenten Instinktverhaltens Antriebe und Handlungen miteinander gekoppelt. Wenn das Tier also Hunger (Trieb) verspürt, setzt sogleich die Suchhandlung nach Futter ein. Sobald das Tier Nahrung gefunden hat und nach dem Verzehr gesättigt ist, existiert der Hunger (also der Trieb) für eine gewisse Zeit nicht mehr. Wegen des geringen Instinktverhaltens besteht beim Menschen statt einer Kopplung von Antrieben und Handlungen, so wie diese bei Tieren vorzufinden ist, eine Kluft zwischen Antrieben und Handlungen. Das lateinische Wort für Kluft ist "Hiatus". Dieser ist als Schnittstelle zwischen jedem inneren Reiz und der möglichen Handlung zu betrachten. Er lässt die Stellungnahme des Menschen zu jedem inneren Antrieb zu. Menschen können sich erst durch ihn von chronischen Drängen frei machen und Distanz zu diesen gewinnen. Aus diesem Blickwinkel ist die Natur hinsichtlich der menschlichen Ausstattung nicht als "natura noverca" zu bezeichnen. Erst durch diesen Hiatus hat sie den Menschen lebensfähig werden lassen. Nachdem bereits im vorangegangenen Punkt (und z.T. in diesem Abschnitt) die Entwicklung des Menschenbabys bis zum ausgereiften Erwachsenen skizziert wurde, sollen die folgenden Zeilen diese Entwicklung näher erklären. Da kein

Säugling jemals völlig allein aufwachsen kann, verfehlt Gehlens anthropologischer Ansatz, der die Entwicklung eines isoliert gedachten Menschen in den Blick nimmt, die „condition humana"(Thies, 2000, S. 45). Wenn die Mutter sich aus irgendwelchen Gründen nicht um ihr Kind kümmern kann, umsorgen Vater, andere Angehörige oder soziale Einrichtungen das Baby. Sobald das Kind das so genannte Licht der Welt erblickt hat, ist es ganz besonders im "extrauterinen Frühjahr" auf die Hilfe der Bezugsperson (in den meisten Fällen ist das die Mutter) angewiesen. Mindestens seit der Geburt sind die leibliche und die seelische Entwicklung miteinander verknüpft, bis hin zur Schaltung der neuronalen Bahnen. Alle Reifungsprozesse vom Gehen lernen über das Sprechen lernen bis zur kognitiven und moralischen Entwicklung spielen sich durchgängig in einem sozialen Rahmen ab; nur durch die zwischenmenschlichen Interaktionen entwickeln sich überhaupt die entsprechenden Anlagen. Das Sprechen und Gehen erlernt das Kind vor allem innerhalb der ersten zwölf Lebensmonate. Gehlen vergisst in seiner Betrachtung allerdings, dass die Sprache, die das Kind während des ersten Jahres erwirbt, ein soziales Phänomen ist und nur in der Gemeinschaft erlernt

werden kann. Nicht umsonst sind die Sprachanlagen des Neugeborenen darauf ausgerichtet, jede menschliche Sprache innerhalb des Kulturkreises, in den es hinein geboren wird, (in der Gemeinschaft) zu erlernen. Würde das Kind in keinem menschlichen Verbund aufwachsen, könnte es auch keine derartige Sprache lernen. Bis aus dem hilfsbedürftigen Wesen ein selbstständiger Mensch geworden ist, bedarf es unter anderem einer mühsamen Erlernung der Funktionalität des Bewegungsapparates. Das Tier beherrscht, anders als der Mensch, die ihm notwendigen und möglichen Bewegungen sehr schnell. Lässt man die Tatsache der benötigten, mannigfaltigen Bewegungen in sportlichen und handwerklichen Bereichen nicht außer Acht, so wird schnell deutlich, dass ein solch unspezialisiertes Geschöpf auf derartige Bewegungsvielfalt angewiesen ist. Es bereitet sich somit auf das angesprochene Überraschungsfeld, welches ihm aufgrund seiner Umweltenthobenheit gegenübersteht, vor. Wie ist es aber möglich, dass ein dermaßen „schutzlos reizüberflutetes und bewegungsunfähiges Wesen"(Gehlen, 1940, S. 43) dieses Bewegungskönnen erlernt?

Durch Gemeinschaft allein ist das nicht möglich. Zuerst muss die Welt erfahren werden, denn nur aus einer vertrauten und bezwingbaren Welt können Ideen und Anregungen für Veränderungen gezogen werden. Indem der heranreifende Mensch immer wieder Neues erkundet und dabei entdeckt, dass sich dadurch Unmengen von Neukombinationen im bisherigen Bewegungsapparat ergeben, erweitert er seinen Horizont und besitzt schließlich unzählige Möglichkeiten sein Bewegungskönnen nach Bedarf zu variieren. Um dem nächsten Punkt der Arbeit nicht vorzugreifen, wird auf die Erklärung wichtiger Begriffe der Entlastung hier verzichtet. Im Vergleich des Menschen mit dem Tier hinsichtlich der Entwicklung (der

Sprache, des Bewegungsapparates etc.) ist festzuhalten, dass das Wesensmerkmal des Menschen, nicht wie beim Tier in der Schnelligkeit, sondern gerade wegen seiner Unbestimmtheit in der Langsamkeit begründet liegt. Das Tier hat ein bestimmtes Milieu, in dem es überlebensfähig ist. Der Mensch muss sich erst durch seine Arbeitsfähigkeit die Naturgegebenheiten in eine (Kultur-) Welt umwandeln, in welcher er sein Leben führen kann.

5. Das Entlastungsprinzip

Das Prinzip der Entlastung ist in der Philosophie nicht eindeutig zu verstehen, es ist aufschließend und irreführend zugleich. Entlastung bedeutet einerseits zweifellos die selbsttätige Befreiung des Menschen von seinen Mängeln. Denn in Gehlens Hauptwerk heißt es: „Eigentätig muss der Mensch sich entlasten, d.h. die Mängelbedingungen seiner Existenz [...] in Chancen seiner Lebensführung umarbeiten"(Ritter, 1972, S. 538). Durch Entlastung befreit sich der Mensch von der ständigen Beachtung der Details seines Verhaltens und verfällt somit in Routine. Dadurch gewinnt er zwar große Übersicht, übersieht im Gegenzug aber auch Vieles. Die Oberflächlichkeit nimmt zu. Allerdings soll dem Leser hier vornehmlich die Position Gehlens näher gebracht werden. Die Belastung des Menschen beginnt bereits im frühesten Kindesalter. Er wird vor die Aufgabe gestellt, die uneingegrenzte Eindrucksüberflutung, welche durch die Weltoffenheit, die wiederum in der physischen Unspezialisiertheit des Menschen begründet liegt, bedingt ist, in aktiver Tätigkeit zu bewältigen. Indem das Kind spielerisch durch sensomotorische Kreisprozesse (z.B. Tasten) die Welt erkundet, werden Dinge in Erfahrung gebracht. Sie werden kommunikativ aufgeschlossen und abgestellt. Das Kind lernt also ohne jeden Triebdruck. Es kombiniert Bewegungen, die in seiner Bewegungsphantasie entstanden sind miteinander und setzt sie um. Wenn diese Bewegungen als lustvoll empfunden wurden, setzt das Kind diese zukünftig wiederholt ein. Zu dieser ehemals unbeabsichtigten Bewegung, die ein Erfolgserlebnis ausgelöst hat, gewinnt das Kind ein besonderes Bewusstsein. Dieses drückt sich in einem entfremdeten Selbstgefühl der eigenen Leistung aus, das sich das Kind von der Unmittelbarkeit der Situation, von der bedrängenden Gegenwart der Dinge befreit hat. Aus diesem jahrelangen Prozess von negativen und positiven Erfahrungen entwickeln sich schließlich verinnerlichte Gewohnheiten. Dies ist aber nur in Kombination mit den Seherfahrungen möglich. Anfangs ist die Seherfahrung eng mit der Tasterfahrung verbunden. Schnell stellt sich jedoch die Höherwertigkeit der Seherfahrung heraus. Durch sie muss man mit einem Gegenstand nicht mehr in physischen Kontakt treten, um ihn zu erfahren. Dieser Prozess löst dann irgendwann die Tasterfahrungen vollständig ab, weil durch ihn ein größeres

Erfahrungsfeld bewältigt werden kann. Ferner kann nach der Ablösung der Tasterfahrung allein die Seherfahrung die Beurteilung möglicher Lustquellen und -chancen übernehmen. So muss man Wasser beispielsweise (um die Feuchtigkeit zu spüren) nicht mehr berühren, weil der Anblick des Wassers genügt, um die Feuchtigkeit zu „sehen". In diesem Zusammenhang setzt zunehmend die Symbolisierung von Dingen, Eindrücken usw. ein. Sobald der Mensch innerhalb der Seherfahrungen die Qualität und Veränderbarkeit der Dinge mitsieht, zeigt sich, dass Sehen handlungsbezogen ist. Sind die praktischen Werte der Dinge erst einmal erfasst, gibt es die Möglichkeit, die zugänglich gewordenen Dinge zu verplanen. Der nächste Schritt der Entlastungsvorgänge besteht in der Phantasietätigkeit. Durch die bisherigen Erfahrungen kann der Mensch nun in seiner Phantasie mögliche, zukünftige Situationen quasi voraussehen bzw. durchspielen. Nachdem sich nun der Mensch aus dem einstigen Durcheinander der Reizüberflutung durch die Symbolzuweisungen, welche aus den jahrelangen Erfahrungen hervorgegangen sind, entlastet hat, kann an den Symbolen die Erkenntnis einsetzen. Um nämlich einen Situationsüberblick zu erlangen, muss der Mensch erkennen. Erkennen muss er wiederum, um tätig zu sein, damit er die Basis des künftigen Überlebens schaffen kann. In enger Verbindung mit diesen Entlastungsleistungen steht die Sprache. Erst durch sie werden „kommunikatives, umgehendes Sichverhalten, ferner Andeutungs- oder Symbolleistungen selbstempfundene sinnlich reflektierte Selbsttätigkeit und endlich herabgesetzter, entlasteter Kontakt mit der Welt [...] zu sehr hoher Vollendung entwickelt"/Gehlen, 1940, S. 47f). Durch diese Vollendung sieht Gehlen den Übergang von den bisher beschriebenen Entlastungsprozessen zum Denken als gegeben an. Die Begründung dafür liegt in der Idee des Leistungsaufbaus, unter welcher der Übergang vom „Physischen" zum „Geistigen" gelang. An die Sprache sind nämlich sehr genaue Erinnerungen, als auch eine präzise kombinierende Voraussicht gekoppelt. Wäre das nicht der Fall, gäbe es keine Kommunikation unter den Menschen. Auf den von Gehlen beschriebenen Leistungsaufbau möchte ich hier zum besseren Verständnis noch kurz näher eingehen. Die Lernleistung des Kindes beginnt mit den Tasterfahrungen und findet schließlich ihre Vollendung in der Sprache, bevor der Übergang zum Geistigen stattfindet. Dieses Ganze lässt sich auch als Stufenaufbau bezeichnen. Jener Begriff macht noch deutlicher, dass das Lernen nur bei den unteren Stufen begonnen und durch die erbrachte Lernleistung die nächst höhere Stufe erklommen werden kann. Das heißt auch, dass man, wie die anfänglich dargestellte Entwicklung des Kindes zeigt, keine höhere Stufe „erspringen" kann. Wenn eine höhere Stufe erreicht wurde, werden die unteren in ihren bisherigen Aufgabenbereichen herabgesetzt, da die höhere diese Aufgabenfelder besser bewältigen kann. Zu bemerken ist weiterhin, dass das Potenzial der höheren Stufen bereits in den niederen verborgen sein muss, damit die Stufen entwickelt werden können. Dies wiederum lässt die Nichtfestgestelltheit des Menschen auf bestimmte Niveaus erkennen. Fortfahrend hat der Mensch ihm bewusste Antriebe und Bedürfnisse, die lebensnotwendig in Kooperation mit der Handlung, der Erkenntnis und der Voraussicht zusammenwirken. Wäre dies nicht so, blieben die Antriebe, so wie beim Tier, in der bloßen Jetztbewältigung gefangen, während das Bewusstsein längst die Zukunft plant. Das Antriebsleben enthält und nimmt Zielbilder, Sachbedingungen sowie Erfüllungssituationen in sich auf und subventioniert sogar die indirektesten Handlungen. Diese Besonderheit des menschlichen Antriebslebens lässt auf einen fließenden Übergang zwischen den physischen Minimaltrieben (Sexualtrieb, Hunger, etc.) und den höheren Interessen schließen. Bedürfnisse wie Hunger können, sobald sie bewusst geworden sind, jederzeit gehemmt werden. Durch die Möglichkeit der Hemmbarkeit der Bedürfnisse können aus den damit unerfüllten Triebhandlungen des Augenblicks sachliche Dauerinteressen erwachsen. Als wesentlicher Aspekt kommt hinzu, dass Bedürfnisse nicht nur hemmbar, sondern auch verschiebbar sein müssen. Das heißt, dass Bedürfnisse bei veränderten Situationen dadurch, dass sie mit Phantasmen besetzt sind, sich nachhaltig und zielsicher den Umständen anpassen, also mit der Situation mitvariieren können. Daraus schließend ist die Möglichkeit der Verschiebbarkeit der Bedürfnisse, gerade weil die äußeren Gegebenheiten, als auch die Umstände der Bedürfnisbefriedigung sehr oft variieren, unbedingt erforderlich. Indem die benannten Vorstellungen, Phantasmen und Sachgesetze existieren, ist die für ein handelndes Wesen wichtige Orientierbarkeit gegeben. Bestünden diese nicht, könnten Handlungen nicht Situationen angepasst werden und würden nicht korrekt verrichtet, weil irgendein Umstand aus der erlernten in der aktuellen Situation verschieden wäre und das Wesen auf ihn nicht angemessen reagieren könnte. Die in Punkt 3 bereits angesprochene, für den Menschen typische Instinktreduktion (Diese ist keineswegs als stetige Schwächung des Menschen anzusehen. Für den Menschen bedeutet dies eine Entbindung von den Organen und eine Ablösung der Antriebsenergien von der Umwelt.) ist für dieses entlastende System von Verhaltensweisen essentiell notwendig. Sie verringert den unmittelbaren Automatismus und ermöglicht die vom Instinktdruck befreiten Handlungen. Jene Unabhängigkeit zwischen den elementaren Bedürfnissen und den schließlich ausgeführten Handlungen ist als die Fähigkeit sich gegenseitig auszuhängen, in Gehlens „Der Mensch" unter dem Begriff des Hiatus beschrieben. Durch diese Fähigkeit, die Antriebe bei sich zu behalten , das einsichtige Verhalten unabhängig von ihnen zu variieren, ist der bereits dargestellte Übergang vom Physischen zum Geistigen erst möglich. Der Hiatus „legt überhaupt ein Inneres erst bloß, und ist genau genommen, die vitale Basis des Phänomens

Seele"(Gehlen, 1940, S. 57). In der Seele werden insbesondere Bilder und Triebe gespeichert bzw. von der Unmittelbarkeit abgehängt, wodurch Sachinteressen gebildet werden, die gegen alle unmittelbaren Veränderungen resistent sind. Da der Mensch als nicht in eine Umwelt, sondern in die ganze Welt (aus seiner Unangepasstheit resultierenden Weltoffenheit) eingepasstes Wesen, auf das voraussehende, geplante Handeln angewiesen ist, müssen die (ihm aufgrund seiner physischen Mangelhaftigkeit gegebenen) chronischen Antriebe (Geschlechtstrieb, der Trieb nach Nahrung usw.) beherrscht werden. Dies geschieht, indem der Mensch fähig ist, seine Antriebe, Wünsche und Interessen bei sich zu behalten. Als Folge daraus entsteht ein Überschuss an Triebenergie, die durch die bloße Erfüllung der Minimalbedürfnisse unmöglich ausgeschöpft werden kann. Die Triebhaftigkeit des Menschen ist daher durch das Phänomen des Antriebsüberschusses bestimmt. Gehlen sieht den Menschen als ein Wesen an, dass aufgrund des Antriebsüberschusses stets ein bestimmtes Maß an Energie freisetzen muss, da es sonst zu einer Stauung der überschüssigen Energie im Menschen kommen und in unkontrollierten, selbstzerstörerischen Ausbrüchen (z.B. in Süchten) gipfeln könnte und die Fähigkeit besitzt, diesen Antriebsüberschuss zu formieren. Erst durch diese Formierung ist die Bildung einer Kultur möglich. Die Ordnung menschlicher Gemeinschaften ist darauf gestützt, dass jeder Einzelne seine Antriebe zu Dauerhaltungen umformt. Dauerhaltungen werden aus den formierten Antrieben gebildet und mit Zielbildern besetzt, an denen sich das handelnde Wesen in seinem Tun orientieren kann. Diese Haltungen können in einer Gemeinschaft allerdings nur stabil bestehen, wenn sie Außenhalte in den Institutionen (Ordnungen, die jeden einzelnen einbeziehen) wieder finden. Wenn man laut Arnold Gehlen die eigenen Antriebsstrukturen auf Dauerhaltungen umgestellt hat, bildet sich der

Charakter heraus. Die geplante Lebensführung Kants, da er schwächlich und von Schmerzen nie ganz frei war, ist beispielhaft für die Herausbildung eines Charakters. Nur dieser voraussehenden und wachsam durchgeführten Lebensplanung hat Kant sein langes Leben zu verdanken. Von dieser Position ist die Bezeichnung des Menschen als Zuchtwesen möglich. Die Gemeinschaft sorgt nicht nur für das physische Gedeihen der nachwachsenden Generation, sondern auch für ihre Erziehung. Sie hat den Zweck, die Kinder, die in jungen Jahren den Sinn der Erziehung (u.a. durch Lehrer) noch nicht verstehen, zu befähigen, ihr eigenes Können und Handeln zu kontrollieren sowie selbstständig nach innen und außen Stellung zu beziehen. Auf diese andauernde Lernleistung ist der Mensch wegen seiner unspezifischen Anlagen angewiesen. Damit ist der Mensch unmittelbar als Kulturwesen definiert, denn die Kultur erscheint als ein Lernsystem, wodurch der Mensch sich tätig entlastet.

6. Kritik

Innerhalb der Mängelwesen-These von Gehlen sind manche der angeführten Belege, welche die physischen Defizite des Menschen zeigen sollen, genauer betrachtet als Vorzüge des Menschen zu begreifen. Die fehlende Angepasstheit in ein bestimmtes Milieu ist nicht als Mangel zu bezeichnen, da aufgrund der erweiterbaren Verhaltensmuster, die der Mensch in sich trägt und ausbildet, es ihm möglich ist, die bereits betonte zweite Natur, also eine Kultur zu schaffen, in der es ihm durch sein vorausschauendes und planendes Handeln gelingt, zu überleben. Tiere, die an eine bestimmte Umwelt vollkommen angepasst sind, sterben gerade wegen ihrer Spezialisiertheit unter Umständen aus. Es gibt zum Beispiel unzählige Schmetterlingsarten, die aufgrund ihrer Anpassung an das tropische Klima der Regenwälder zum Tode verurteilt sind, wenn die Regenwälder weiter in rasantem Tempo abgeholzt werden. Der Mensch hat nun dem Tier gegenüber den Vorteil, sich widrigsten Umständen anpassen zu können. Unter anderem sah Gehlen auch in der Hilflosigkeit von Säuglingen seine These vom Mängelwesen bestätigt. Aber nur, weil Säuglinge und auch Kleinkinder auf Zuwendungen ihrer sozialen Umwelt ganz besonders angewiesen sind, lässt sich daraus nicht folgern, dass der erwachsene Mensch genauso hilflos ist. Des Weiteren sind Neugeborene nie auf sich allein angewiesen. Kann sich die Mutter nicht um ihr Kind kümmern, sorgen, wie in Punkt 2 beschrieben, Familienangehörige oder soziale Einrichtungen für das Wohl des Kindes. Sogar Tiere kümmern sich unter Umständen um andere kleine, hilflose Lebewesen, obwohl es nicht die leiblichen oder der Art zugehörigen Kinder sind. Dies wird zum Beispiel deutlich, wenn Gehlen von der Stockente spricht, die in einer Gemeinschaft von Spießenten aufgezogen wurde (Gehlen, 1940, S. 22). Es ist aber auch schon vorgekommen, dass Hündinnen von der leiblichen Mutter verstoßene Katzenjunge mit groß gezogen haben. Kritisch muss ebenso das Verhältnis von Natur und Kultur bei Gehlen betrachtet werden. Er ging nämlich (wie unter Punkt 2 erklärt) davon aus, dass intelligentes und instinktives Verhalten tendenziell dazu neigen, sich gegenseitig auszuschließen. Das kann nicht bestätigt werden, da das Ausmaß der Lernfähigkeit auf die genetische Vorprogrammierung (Natur) bzw. das Erbgut angewiesen ist. Je besser also die genetischen Voraussetzungen sind, umso besser ist die Fähigkeit zum Lernen ausgeprägt und entwickelbar. Das sich Natur und Kultur nicht gegenseitig ausschließen, ist ferner daran ersichtlich, dass die so genannten Wolfskinder trotz vorhandener Sprachanlagen nie sprechen gelernt haben, weil die sozialen Bedingungen fehlten. Die Natur findet sich also in den ererbten Dispositionen des Menschen wieder. Entwickeln können sich diese jedoch nur unter günstigen Rahmenbedingungen, die in einer sozialisierten Kultur herrschen (sollten). Womöglich falsch verstanden werden könnte der Mensch-Tier-Vergleich, da unter dem Oberbegriff Tier Millionen Arten in der Regel zusammengefasst werden. Bei Gehlen ist dies nicht der Fall, da er nicht aus der Differenz von Mensch zu Tier die Identität des Menschen erfassen, sondern mit Hilfe dieser Gegenüberstellung nach dem durchlaufenden Strukturgesetz , dass sich in allen menschlichen Leistungen zeigt (das Entlastungsprinzip), darstellen wollte. Arnold Gehlen vertrat des Weiteren die Sonderstellung des Menschen, welche er aber schließlich erst nach mehr als 30 Jahren nach der Erstausgabe „Der Mensch, seine Natur und seine Stellung in der Welt" revidierte. Er sah ein, dass eine Sonderstellung in der Natur nicht allein dem Menschen, sondern jeder Art zukomme. Wale, Affen, Hunde, Katzen, der Mensch sowie alle anderen Arten besitzen artspezifische Eigenschaften, durch die sie Einzigartigkeit in der Natur erlangen. In Christian Thies` „Gehlen zur Einführung" 2000 erschiene Buch wird diese Beliebtheit der Sonderstellung des Menschen auf „den kollektiven Narzissmus der Menschengattung zurückgeführt".

7. Fazit

Im letzten Teil dieser Arbeit ist nochmals verdeutlicht worden, dass der Mensch kein Irrläufer der Natur ist, welcher im Gegensatz zum Tier mit nahezu lebensbedrohlichen Mängeln ausgestattet wurde. Jedes Wesen ist von der Natur mit Eigenschaften versehen, welche ihm das Leben und vor allem das Überleben in ihr möglich machen. Der Mensch vergleicht jedoch seine „sparsame Ausstattung" gern mit denen der Tiere und vergisst dabei, dass er die Fähigkeit besitzt seine genetischen Anlagen zu kultivieren. Der Mensch ist lernfähig und kreativ. Seinen Mängeln kann er durch Erfindungen (welche durch Lernfähigkeit und Kreativität möglich sind) Abhilfe schaffen. Der Traum vom Fliegen ließ zum Beispiel bereist Leonardo da Vinci erfinderisch tätig werden und wurde schließlich ein paar Jahrhunderte später Wirklichkeit. Insofern kann der Natur kein Vorwurf gemacht werden. Sie hat dem Menschen alles Lebensnotwendige und besonders die Fähigkeit zu lernen und sich letztlich zu entlasten mitgegeben. Die Veranlagung zum Fliegen war für das Wesen Mensch genauso wenig zum Überleben notwendig, wie die Möglichkeit des Elefanten springen zu können. Denn nur der Mensch macht aus seinen Mängeln einen Vorteil.

Literaturverzeichnis

Dux, Marquard, Ströker : Helmuth Plessner Gesammelte Schriften VIII.
1.Auflage. Frankfurt/Main.1983

Gehlen, Arnold: Der Mensch, seine Natur und seine Stellung in der Welt.
1.Auflage. Frankfurt/Main. 1940

Rehberg, Karl-Siegbert: Existentielle Motive im Werk Arnold Gehlens, in: Zur
geisteswissenschaftlichen Bedeutung Arnold
Gehlens, hg. v. Klages, H. und Quaritsch, H.. Berlin.
1994

Ritter, Joachim und Gründer, Karlfried: Historisches Wörterbuch der
Philosophie. Band 5. Basel. 1980

Thies, Christian: Gehlen zur Einführung. 1.Auflage. Hamburg. 2000